Meine schönsten Kindergedichte

Mit Bildern von
Friederike Großekettler

Schwager & Steinlein

Originalausgabe

Emil-Hoffmann-Straße 1, 50996 Köln
Illustrationen von Friederike Großekettler
Umsetzung und Gestaltung: Verlagsservice4kids, Ravensburg
Gesamtherstellung: Schwager & Steinlein Verlag GmbH
www.schwager-steinlein-verlag.de

Art. Nr. 11985
ISBN 978-3-89600-985-2

INHALT

Der Papagei

Christian Morgenstern

Es war einmal ein Papagei,
der war beim Schöpfungsakt dabei
und lernte gleich am rechten Ort
des ersten Menschen erstes Wort.

Des Menschen erstes Wort war A
und hieß fast alles, was er sah,
z. B. Fisch, z. B. Brot,
z. B. Leben oder Tod.

Erst nach Jahrhunderten voll Schnee
erfand der Mensch zum A das B
und dann das L und dann das Q
und schließlich noch das Z dazu.

Gedachter Papagei indem
ward älter als Methusalem,
bewahrend treu in Brust und Schnabel
die erste menschliche Vokabel.

Die Ameisen

Joachim Ringelnatz

In Hamburg lebten zwei Ameisen,
die wollten nach Australien reisen.
Bei Altona auf der Chaussee,
da taten ihnen die Beine weh,
und da verzichteten sie weise
dann auf den letzten Teil der Reise.

Übergewicht

Joachim Ringelnatz

Es stand nach einem Schiffsuntergange
eine Briefwaage auf dem Meeresgrund.
Ein Walfisch betrachtete sie bange,
beroch sie dann lange,
hielt sie für ungesund,
ließ alle Achtung und Luft aus dem Leibe,
senkte sich auf die Wiegescheibe
und sah – nach unten schielend – verwundert:
Die Waage zeigte über hundert.

Der Esel

Wilhelm Busch

Es stand vor eines Hauses Tor
ein Esel mit gespitztem Ohr,
der käute sich sein Bündel Heu
gedankenvoll und still entzwei.

Nun kommen da und bleiben stehn
der naseweisen Buben zween,
die auch sogleich, indem sie lachen,
verhasste Redensarten machen,
womit man denn bezwecken wollte,
dass sich der Esel ärgern sollte.

Doch dieser hocherfahrne Greis
beschrieb nur einen halben Kreis,
verhielt sich stumm und zeigte itzt
die Seite, wo der Wedel sitzt.

Die drei Spatzen

Christian Morgenstern

In einem leeren Haselstrauch,
da sitzen drei Spatzen, Bauch an Bauch.
Der Erich rechts und links der Franz
und mittendrin der freche Hans.
Sie haben die Augen zu, ganz zu,
und obendrüber, da schneit es, hu!
Sie rücken zusammen dicht an dicht,
so warm wie Hans hat's niemand nicht.
Sie hörn alle drei ihrer Herzlein Gepoch.
Und wenn sie nicht weg sind, so sitzen sie noch.

Die Frösche

Johann Wolfgang von Goethe

Ein großer Teich war zugefroren.
Die Fröschlein, in der Tiefe verloren,
durften nicht ferner quaken noch springen,
versprachen sich aber im halben Traum:
Fänden sie nur da oben Raum,
wie Nachtigallen wollten sie singen.
Der Tauwind kam, das Eis zerschmolz.
Nun ruderten sie und landeten stolz
und saßen am Ufer weit und breit
und quakten wie vor alter Zeit.

Die Gäste der Buche

Rudolf Baumbach

Mietegäste vier im Haus
hat die alte Buche.
Tief im Keller wohnt die Maus,
nagt am Hungertuche.

Stolz auf seinen roten Rock
und gesparten Samen
sitzt ein Protz im ersten Stock;
Eichhorn ist sein Namen.

Weiter oben hat der Specht
seine Werkstatt liegen,
hackt und zimmert kunstgerecht,
dass die Späne fliegen.

Auf dem Wipfel im Geäst
pfeift ein winzig kleiner
Musikante froh im Nest.
Miete zahlt nicht einer.

Ausfahrt

Gustav Falke

Schlitten vorm Haus,
steig ein, kleine Maus,
zwei Kätzchen davor,
so geht's durchs Tor,
zwei Kätzchen dahinter,
so geht's durch den Winter.

Hinein ins Feld,
wie weiß ist die Welt,
auf einmal, oh weh,
kleine Maus liegt im Schnee,
kleine Maus liegt im Graben,
wer will sie haben?

Schlitten vorm Haus,
wo blieb kleine Maus?
Die Kätzchen, miau,
die wissen's genau:
Hat nicht still gesessen,
da haben wir sie gefressen.

Jaja!

Wilhelm Busch

Ein weißes Kätzchen, voller Schliche,
ging heimlich, weil es gerne schleckt,
des Abends in die Nachbarküche,
wo man es leider bald entdeckt.

Mit Besen und mit Feuerzangen
gejagt in alle Ecken ward's.
Es fuhr zuletzt voll Todesbangen
zum Schlot hinaus und wurde schwarz.

Ja, siehst du wohl, mein liebes Herze?
Wer schlecken will, was ihm gefällt,
der kommt nicht ohne Schmutz und Schwärze
hinaus aus dieser bösen Welt.

Das Krokodil

Franz Graf von Pocci

Ich bin ein altes Krokodil
und leb dahin ganz ruhig und still,
bald in dem Wasser, bald zu Land
am Ufer hier im warmen Sand.

Gemütlich ist mein Lebenslauf,
was mir in 'n Weg kommt, fress ich auf,
und mir ist es ganz einerlei,
in meinem Magen wird's zu Brei.

Schon hundert Jahre leb ich jetzt,
und wenn ich sterben muss zuletzt,
leg ich mich ruhig ins Schilf hinein
und sterb im Abendsonnenschein.

Eine Kuh, die saß im Schwalbennest

Gustav Falke

Eine Kuh, die saß im Schwalbennest
mit sieben jungen Ziegen,
sie feierten ihr Jubelfest
und fingen an zu fliegen.
Der Esel zog Pantoffeln an,
ist übers Haus geflogen.
Und wenn das nicht die Wahrheit ist,
so ist es doch gelogen.

BEI UNS ZU HAUSE

Charlotte

Victor Blüthgen

Charlotte Kompotte Naschmajor,
hat 'nen Bart bis ans Ohr,
leckt die Schüsseln und Teller,
nascht in Küche und Keller –
holt ein Schloss vom Schlosser Paul!
Für wen denn?
Fürs Leckermaul.

Seereise

Paula Dehmel

Pitsch – Patsch – Badefass!
Rumpumpel planscht die Stube nass,
ist ein junger Wasserheld,
segelt durch die ganze Welt,
im Wipp – im Wapp – im Schaukelkahn,
über den großen Ozean.

Stehn drüben alle Wilden still
und schrein: Was bloß Rumpumpel will?
So splitternackt und pitschenass
in seinem kleinen Schaukelfass?
Schnell das Badelaken!

Herr Löffel und Frau Gabel

Christian Morgenstern

Herr Löffel und Frau Gabel,
die stritten sich einmal.
Der Löffel sprach zur Gabel:
Frau Gabel, halt den Schnabel,
du bist ja bloß aus Stahl!

Frau Gabel sprach: Herr Löffel,
Ihr seid ein großer Töffel
mit Eurem Gesicht aus Zinn,
und wenn ich Euch zerkratze
mit meiner Katzentatze,
so ist Eure Schönheit hin!

Das Messer lag daneben
und lachte: Gut gegeben!
Der Löffel aber fand:
Mit Herrn und Fraun aus Eisen
ist nicht gut Kirschen speisen,
und küsste Frau Gabel galant –
die Hand.

Kinderküche

Paula Dehmel

Marie-Marei will Braten machen,
hat keine Pfanne;
nimmt sie sich die Schiefertafel
von klein Schwester Hanne.
Hat sie eine Pfanne.

Marie-Marei will Braten machen,
hat keine Butter;
borgt sie beim Kanarienvogel
rasch ein bisschen Futter.
Hat sie Butter.

Marie-Marei will Braten machen,
hat keine Kohlen;
vor der Tür steht roter Mohn,
geht sie den sich holen.
Hat sie Kohlen.

Marie-Marei will Braten machen,
fehlt noch das Gänschen;
nimmt sie sich die Pudelmütze
von klein Bruder Fränzchen.
Hat sie's Gänschen.

Hei, mit diesen Wunderdingen
muss der Braten wohl gelingen.
Bitte zu Tisch!

Rumpumpels Geburtstag

Paula Dehmel

Kräht der Hahn früh am Tage,
kräht laut, kräht weit:
Guten Morgen, Rumpumpel,
dein Geburtstag ist heut!

Kommt das Häschen gesprungen,
macht Männchen vor Freud:
Guten Morgen, Rumpumpel,
dein Geburtstag ist heut!

Steht der Kuchen auf dem Tische,
macht sich dick, macht sich breit:
Guten Morgen, Rumpumpel,
dein Geburtstag ist heut!

Und Vater und Mutter,
alle Kinder, alle Leut
schrein: Hoch der Rumpumpel,
sein Geburtstag ist heut!

Der Zahn

Matthias Claudius

Victoria! Victoria!
Der kleine weiße Zahn ist da.
Victoria! Victoria!
Der weiße Zahn ist da.
Du, Mutter, komm, und Groß und Klein
im Hause! Kommt und schaut hinein
und seht den hellen weißen Schein.

Der Zahn soll Alexander heißen.
Du liebes Kind! Gott halt ihn dir gesund,
und geb dir Zähne mehr in deinen kleinen Mund
und immer was dafür zu beißen!

Der schlimme Husten

Joachim Ringelnatz

Es war einmal ein schlimmer Husten,
der hörte gar nicht auf zu pusten.
Zwar kroch er hinter eine Hand,
was jedermann manierlich fand.
Und doch hat ihn der Doktor Lieben
mit Liebens Malzbonbon vertrieben.

Das richtige Pferd

Paula und Richard Dehmel

Wer schenkt mir ein lebendiges Pferd!
Mein Schaukelpferd ist gar nichts wert,
es hat so steife Beine,
es stampft nicht, frisst nicht, wiehert nicht
und macht solch ledernes Gesicht
und weiß nicht, was ich meine.

Wenn mir der Weihnachtsmann ein Pferd,
ein wirklich richtiges Pferd beschert,
dann reit ich über die Brücke
und reite durch den Kiefernforst
nach Vehlefanz und Haselhorst
und noch fünf große Stücke.

Dann bin ich mitten in der Welt,
da such ich mir ein Haferfeld
und lasse mein Pferdchen grasen.
Und dann, dann reit ich ans Ende der Welt,
wo der Riese den Regenbogen hält,
und – schick euch 'ne Ansichtspostkarte.

Die Geschichte vom fliegenden Robert

Heinrich Hoffmann

Wenn der Regen niederbraust,
wenn der Sturm das Feld durchsaust,
bleiben Mädchen oder Buben
hübsch daheim in ihren Stuben.
Robert aber dachte: Nein!
Das muss draußen herrlich sein!

Und im Felde patschet er
mit dem Regenschirm umher.
Hui, wie pfeift der Sturm und keucht,
dass der Baum sich niederbeugt!

Seht! Den Schirm erfasst der Wind,
und der Robert fliegt geschwind
durch die Luft so hoch, so weit.
Niemand hört ihn, wenn er schreit.

An die Wolken stößt er schon,
und der Hut fliegt auch davon.
Schirm und Robert fliegen dort
durch die Wolken immerfort.

Und der Hut fliegt weit voran,
stößt zuletzt am Himmel an.
Wo der Wind sie hingetragen,
ja, das weiß kein Mensch zu sagen.

Vom Riesen Pinkepank

Victor Blüthgen

Jetzt hört die Mär drei Ellen lang
vom bösen Riesen Pinkepank.
Der wohnte tief im weiten Polen
mit einer Prinzessin, die er gestohlen.
Einst ging er spazieren bis nach Ungarn,
da fing ihn mächtig an zu hungern.

Er nahm das Dach von einem Haus,
riss gleich das runde Öfchen raus
und schluckt' es ganz mitsamt der Glut:
Das war ein Würstchen, heiß und gut!
Den Ofen konnt' er nicht vertragen,
er starb an einem verbrannten Magen.
Da sprach die Prinzessin: Gott sei Dank,
jetzt heiß ich nicht mehr Frau Pinkepank.

Dornröslein

Franz Graf von Pocci

Im Walde steht ein altes Schloss,
drin schläft ein König und sein Tross.
Er sitzt auf einem Thron von Gold,
zu Füßen ihm ein Mägdlein hold.

Dornröslein, schön wie keine Maid,
so voll an Reiz und Lieblichkeit,
Dornröslein schläft, das holde Kind,
mit Vater, Mutter und Gesind.

Die Kunde lebt im ganzen Land,
und dennoch keiner sich noch fand.
Kein Ritter, der mit Mut zum Streit
die Königstochter hätt befreit.

Greift nach dem Schwert und nach dem Schild!
Bahnt euch den Pfad durch Dornen wild!
Ein Kuss auf Rösleins Purpurmund
löst allen Zauber zu der Stund.

Ein alter Sänger singt das Lied,
der von dem Leben gerne schied.
Wenn nur Dornröslein wär befreit,
dann schied er in die Ewigkeit!

Die Wassergeister

Franz Graf von Pocci

Im tiefen Gewässer
da ist unser Leben,
im Wogen der Wellen
wir schweben und weben.

Im tiefblauen Grunde
da stehen so feste
korallene Säulen
kristall'ne Paläste.

Und türmen die Stürme
die schäumenden Wogen,
und kommen die Wetter
mit Blitzen gezogen.

Hoch über die Wasser,
da ist unser Leben.
In Fluten und Wellen
wir schweben und weben.

Vom Schlaraffenland

August Heinrich Hoffmann von Fallersleben

Kommt, wir wollen uns begeben
jetzt in das Schlaraffenland.
Seht, da ist ein lustig' Leben
und das Trauern unbekannt.

Seht, da lässt sich billig zechen
und umsonst recht lustig sein.
Milch und Honig fließt in Bächen,
aus den Felsen quillt der Wein.

Und die Straßen allerorten,
jeder Weg und jede Bahn
sind gebaut aus Zuckertorten
und Bonbons und Marzipan.

Und von Brezeln sind die Brücken,
aufgeführt gar hübsch und fein.
Oh, wie ist es zum Entzücken.
Ei, wer möchte dort nicht sein.

Ja, das mag ein schönes Leben
und ein herrlich Ländchen sein.
Mancher hat sich hinbegeben,
aber keiner kam hinein.

Ja, und habt ihr keine Flügel,
nie gelangt ihr bis ans Tor.
Denn es liegt ein breiter Hügel
ganz von Pflaumenmus davor.

Lied des Nussknackers

Heinrich Hoffmann

König Nussknacker, so heiß ich.
Harte Nüsse, die zerbeiß ich.
Süße Kerne schluck ich fleißig.
Doch die Schalen, ei, die schmeiß ich
lieber andern hin,
weil ich König bin.

Aber seid nicht bang!
Zwar mein Bart ist lang
und mein Kopf ist dick
und gar wild mein Blick.

Doch was tut denn das?
Tu kei'm Menschen was.
Bin im Herzensgrund,
trotz dem großen Mund,
ganz ein guter Jung,
lieb Veränderung,
amüsier mich gern
wie die großen Herrn.

Arbeit wird mir schwer,
und dann mag ich sehr
frommen Kindersinn,
weil ich König bin.

Der erste Ostertag

Heinrich Hoffmann

Fünf Hasen, die saßen beisammen dicht,
es machte ein jeder ein traurig' Gesicht.
Sie jammern und weinen:
Die Sonn will nicht scheinen!
Bei so vielem Regen,
wie kann man da legen
den Kindern das Ei?

Owei, owei!
Da sagte der König:
So schweigt doch ein wenig!
Lasst Weinen und Sorgen,
wir legen sie morgen.

Liebe Mutter!

Friedrich Güll

Kein Vogel sitzt in Flaum und Moos
in seinem Nest so warm:
als ich auf meiner Mutter Schoß,
auf meiner Mutter Arm.

Und tut mir weh mein Kopf und Fuß,
vergeht mir aller Schmerz:
gibt mir die Mutter einen Kuss
und drückt mich an ihr Herz.

Liebe Sonne, scheine wieder!

August Heinrich Hoffmann von Fallersleben

Liebe Sonne, scheine wieder,
schein die düstern Wolken nieder!
Komm mit deinem goldnen Strahl
wieder über Berg und Tal!

Trockne ab auf allen Wegen
überall den alten Regen!
Liebe Sonne, lass dich sehn,
dass wir können spielen gehn!

Hab Dank, du lieber Wind

August Heinrich Hoffmann von Fallersleben

Ich bin in den Garten gegangen
und mag nicht wieder hinaus.
Die goldigen Äpfel prangen
mit ihren roten Wangen
und laden ein zum Schmaus.

Wie ist es anzufangen?
Sie sind mir zu hoch und fern.
Ich sehe sie hangen und prangen
und kann sie nicht erlangen
und hätte doch einen gern!

Da kommt der Wind aus dem Westen
und schüttelt den Baum geschwind
und weht herab von den Ästen
den allerschönsten und besten.
Hab Dank, du lieber Wind!

Knecht Ruprecht in Nöten

Paula Dehmel

Knecht Ruprecht kratzt sich seinen Bart
und rückt zurecht die Brille:
Ihr Engelskinder, lärmt nicht so,
seid mal ein bisschen stille!
Kommt, rückt hübsch artig zu mir ran,
seht euch mal das Bestellbuch an!

Hans möchte nach Amerika
und Fritz zu Tante Lotte,
Kurt durch die Luft zu Großpapa,
Marie zum lieben Gotte.
Georg will bloß nach Neuruppin
mit Zeppelin, mit Zeppelin.

Ihr Engelskinder, helft mir doch
in meinen Weihnachtsnöten,
baut mir ein Luftschiff riesengroß
mit hunderttausend Böten*,
lasst lustig die Propeller gehn,
da sollt ihr mal die Freude sehn!

Hurra, schreit da die Engelschar,
wir helfen alle, alle.
Nach dreien Tagen, blitzeblank,
steht 's Luftschiff in der Halle.
Dank schön, sagt Ruprecht, fährt hinab,
holt alle Jungs und Mädels ab
zur Flugfahrt durch die Welten.
Ob sie sich nicht erkälten?

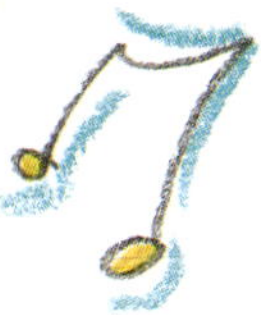

*Boote

Weihnachtsschnee

Paula Dehmel

Ihr Kinder, sperrt die Näschen auf,
es riecht nach Weihnachtstorten.
Knecht Ruprecht steht am Himmelsherd
und backt die feinsten Sorten.

Ihr Kinder, sperrt die Augen auf,
sonst nehmt den Operngucker:
Die große Himmelsbüchse, seht,
tut Ruprecht ganz voll Zucker.

Er streut – die Kuchen sind schon voll –
er streut – na, das wird munter:
Er schüttelt die Büchse und streut und streut
den ganzen Zucker runter.

Ihr Kinder, sperrt die Mäulchen auf,
schnell! Zucker schneit es heute!
Fangt auf, holt Schüsseln! – Ihr glaubt es nicht?
Ihr seid ungläubige Leute!

Der Frühling kommt bald

Christian Morgenstern

Herr Winter,
geh hinter,
der Frühling kommt bald!
Das Eis ist geschwommen,
die Blümlein sind kommen
und grün wird der Wald.

Herr Winter,
geh hinter,
dein Reich ist vorbei.
Die Vögelein alle
mit jubelndem Schalle
verkünden den Mai!

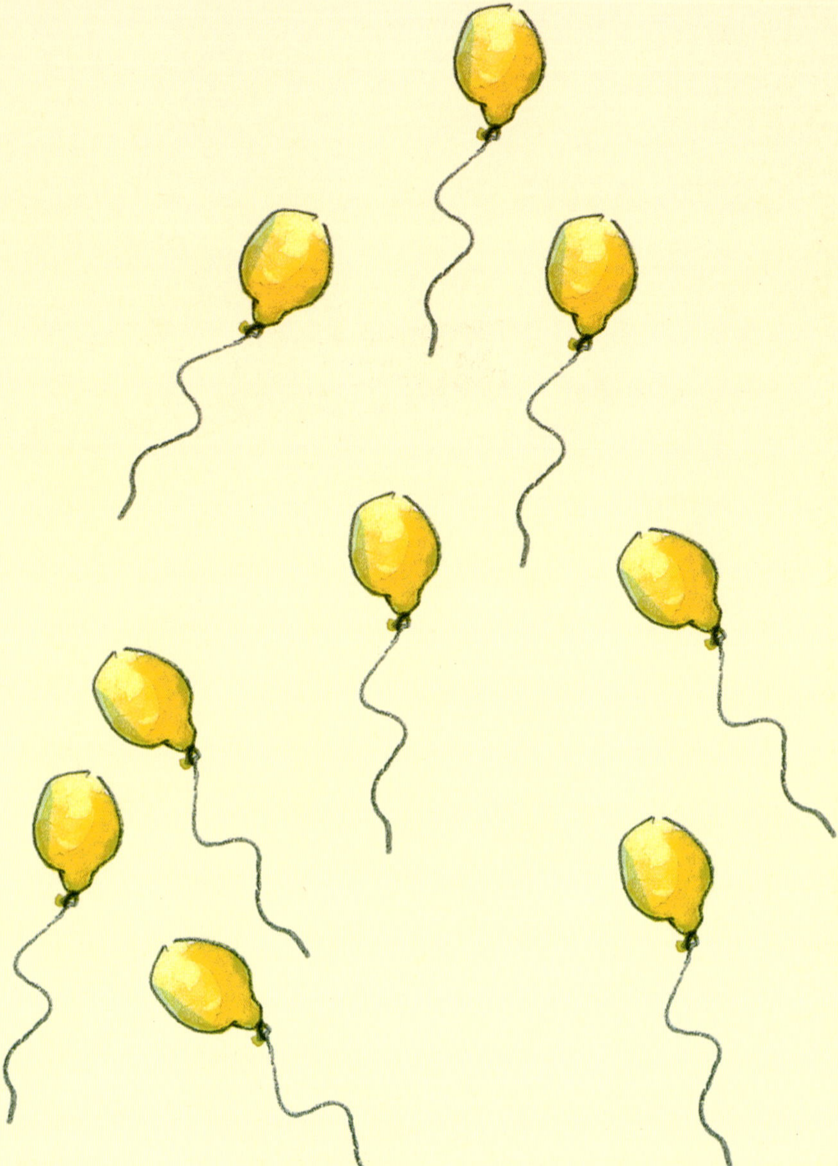